yukismart.com/b/69a356

baby
เด็กทารก

dek tharok

jongen
เด็กผู้ชาย

dekphuchai

vrienden
เพือน

phuean

meisje
เด็กผู้หญิง

dek phuying

glimlachen

ยิ้ม

yim

huilen

ร้องไห้

ronghai

haar

ผม

phom

oog

ตา

ta

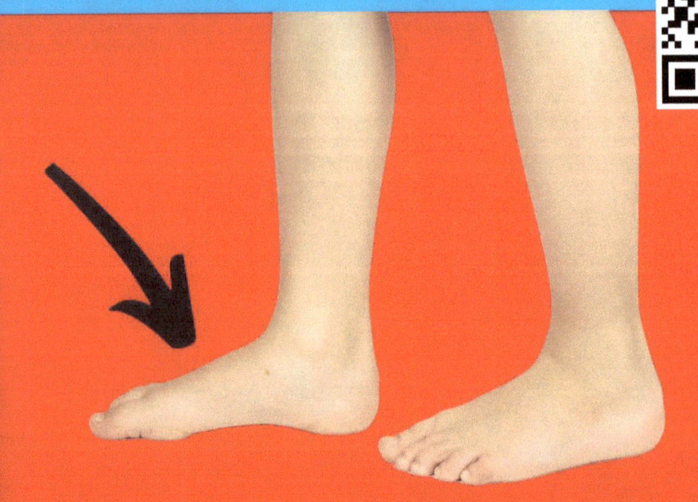

voet

เท้า

thao

hand

มือ

mue

neus

จมูก

chamuk

tanden

ฟัน

fan

oor

หู

hu

tong

ลิ้น

lin

zon
ดวงอาทิตย์
duang-athit

maan
ดวงจันทร์
duangchan

ster
ดาว
dao

boom

ต้นไม้

tonmai

vogel

นก

nok

jas
เสื้อโค้ท
suea khot

broek
กางเกงขายาว
kangkengkhayao

jurk

ชุดกระโปรง

chut kraprong

schoenen

รองเท้า

rongthao

rood

แดง

daeng

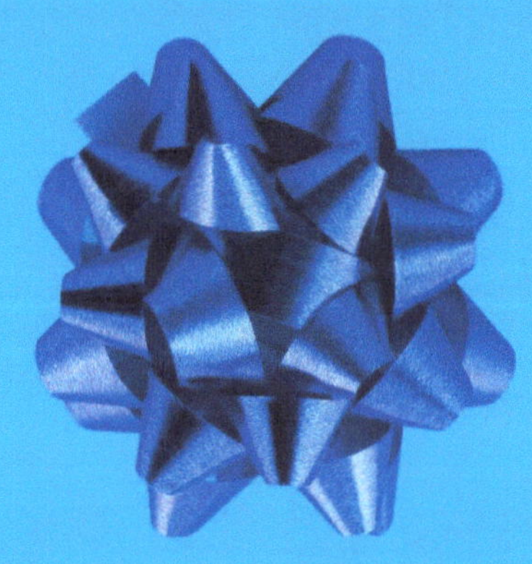

blauw

ฟ้า

fa

geel

เหลือง

lueang

roze

ชมพู

chomphu

wit
ขาว
khao
groen
เขียว
khiao
zwart
ดำ
dam

veelkleurig
หลากสี
lak si

regenboog

รุ้ง

rung

appel

แอปเปิ้ล

aeppoen

banaan

กล้วย

kluai

tomaat

มะเขือเทศ

makhueathet

sinaasappel

ส้ม

som

wortel

แครอท

khaerot

erwten

ถั่ว

thua

aardappel

มันฝรั่ง

manfarang

maïs

ข้าวโพด

khaophot

citroen

มะนาว

manao

druiven

องุ่น

angun

peer

แพร์

phae

watermeloen

แตงโม

taengmo

courgette
ซุกินี
su kini

ei
ไข่
khai

paddenstoel
เห็ด
het

vierkant

สีเหลียมจัตุรัส

siliamchatturat

cirkel

วงกลม

wongklom

rechthoek

สี่เหลี่ยมผืนผ้า

siliamphuenpha

driehoek

สามเหลี่ยม

samliam

kat

แมว

maeo

hond

สุนัข

sunak

vis

ปลา

pla

koe
วัว
wua

eend
เป็ด
pet

kuiken
ลูกไก่
lukkai

kip
แม่ไก่
mae kai

kikker

กบ

kop

varken

หมู

mu

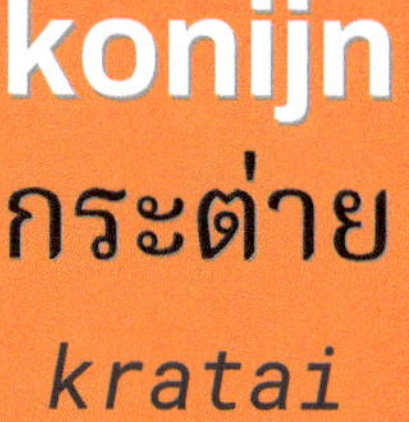

konijn

กระต่าย

kratai

muis

หนู

nu

paard

ม้า

ma

schaap

แกะ

kae

bloem
ดอกไม้

dokmai

vlinder
ผีเสื้อ

phisuea

lieveheersbeestje
แมลงเต่าทอง

malaengtaothong

slak
หอยทาก

hoithak

taart

เค้ก

khek

brood

ขนมปัง

khanompang

klok

นาฬิกา

nalika

sleutel

กุญแจ

kunchae

boek

หนังสือ

nangsue

bal

ลูกบอล

lukbon

tafel
โต๊ะ
to

bord
จาน
chan

stoel
เก้าอี้
kao-i

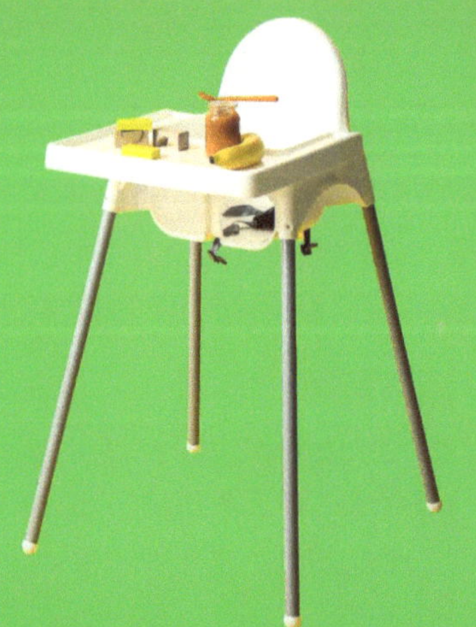

kinderstoeltje
เก้าอี้สูง
kao-isung

vork
ส้อม

som

mes
มีด

mit

lepel
ช้อน

chon

beker
ถ้วย

thuai

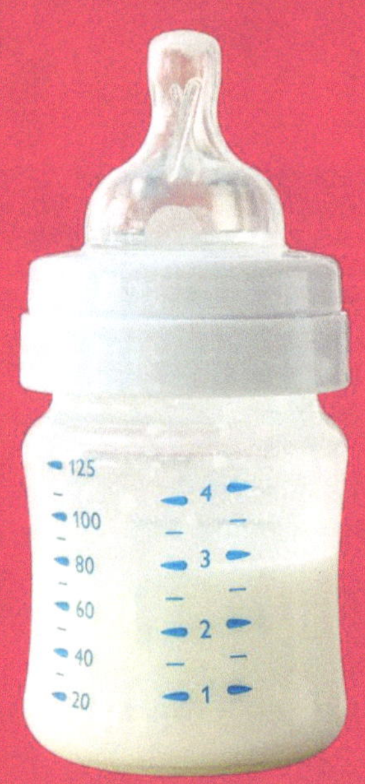

babyflesje

ขวดนม

khuatnom

glas

แก้ว

kaeo

bed
เตียง
tiang

wieg
เตียงเด็ก
tiangdek

teddybeer
ตุ๊กตาหมี
tukkata mi

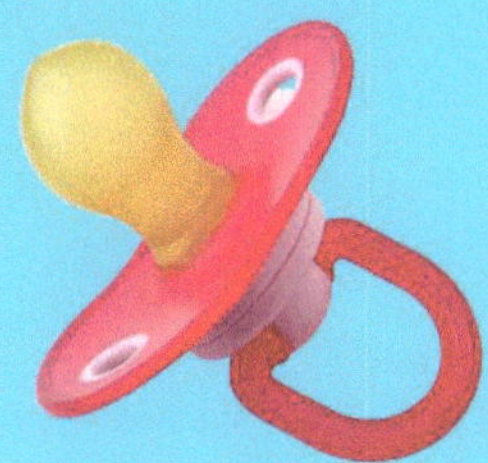

speen
จุกนม
chuk nom

handdoek
ผ้าขนหนู
phakhonnu

wastafel
อ่างล้างมือ
anglangmue

tandenborstel
แปรงสีฟัน
praengsifan

zeep
สบู่
sabu

toilet
โถส้วม
thosuam

potje
กระโถน
krathon

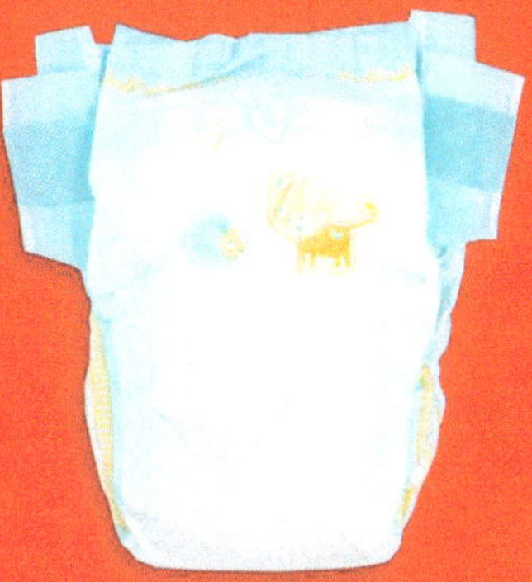

luier
ผ้าอ้อม
pha-om

auto
รถยนต์
rotyon

fiets
จักรยาน
chakkrayan

vliegtuig
เครื่องบิน
khrueangbin

boot
เรือ
ruea

brandweerwagen

รถดับเพลิง

rotdapphloeng

trein

รถไฟ

rotfai

speelgoed

ของเล่น

khonglen

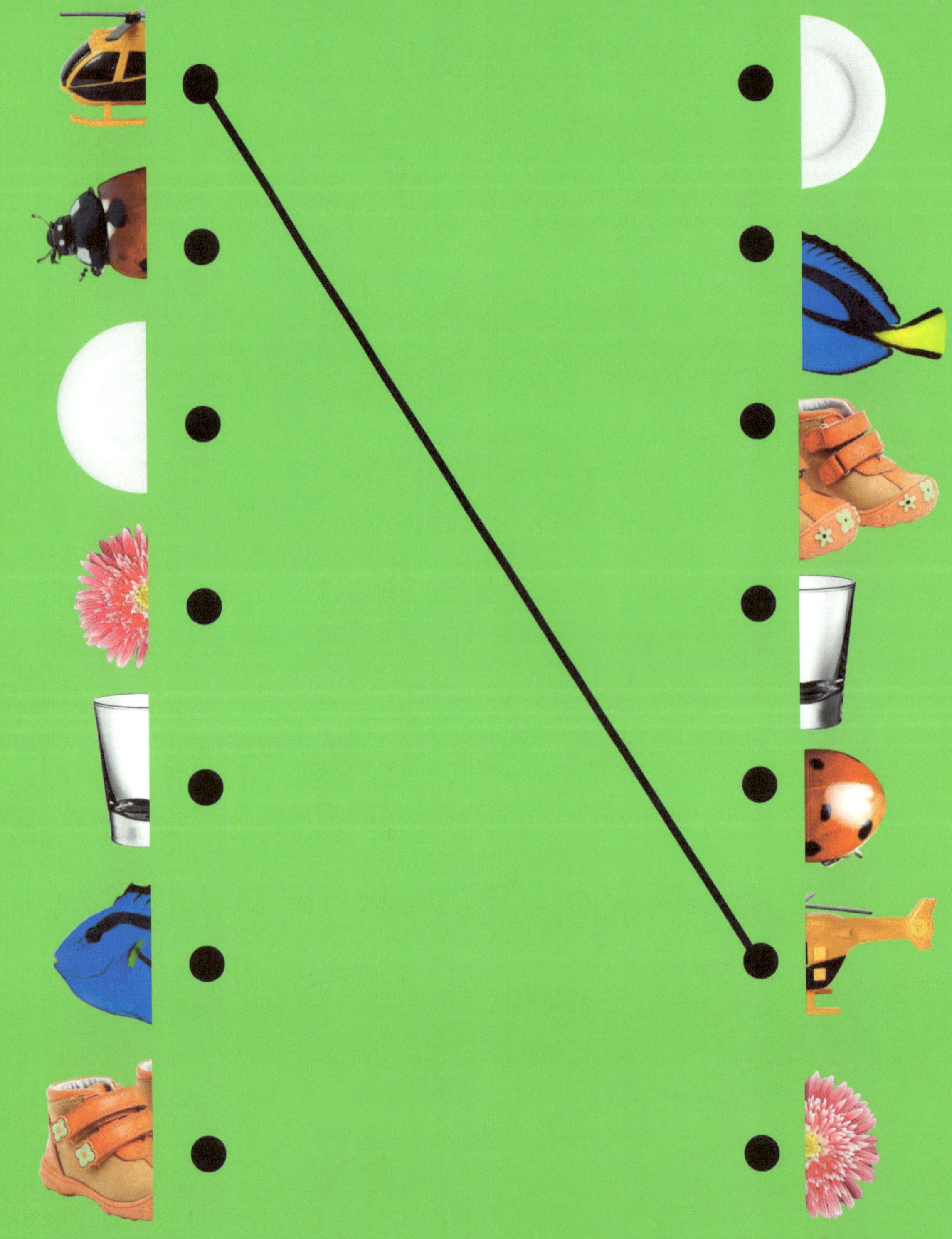